FOREWORD

The collection of "Everything Will Be Okay" travel phrasebooks published by T&P Books is designed for people traveling abroad for tourism and business. The phrasebooks contain what matters most - the essentials for basic communication. This is an indispensable set of phrases to "survive" while abroad.

This phrasebook will help you in most cases where you need to ask something, get directions, find out how much something costs, etc. It can also resolve difficult communication situations where gestures just won't help.

This book contains a lot of phrases that have been grouped according to the most relevant topics. You'll also find a mini dictionary with useful words - numbers, time, calendar, colors...

Take "Everything Will Be Okay" phrasebook with you on the road and you'll have an irreplaceable traveling companion who will help you find your way out of any situation and teach you to not fear speaking with foreigners.

TABLE OF CONTENTS

Pronunciation	5
List of abbreviations	6
English-Georgian	7
Mini Dictionary	71

T&P Books Publishing

Travel phrasebooks collection
«Everything Will Be Okay!»

T&P Books Publishing

PHRASEBOOK

— GEORGIAN —

By Andrey Taranov

THE MOST IMPORTANT PHRASES

This phrasebook contains the most important phrases and questions for basic communication
Everything you need to survive overseas

T&P BOOKS

Phrasebook + 250-word dictionary

English-Georgian phrasebook & mini dictionary

By Andrey Taranov

The collection of "Everything Will Be Okay" travel phrasebooks published by T&P Books is designed for people traveling abroad for tourism and business. The phrasebooks contain what matters most - the essentials for basic communication. This is an indispensable set of phrases to "survive" while abroad.

You'll also find a mini dictionary with 250 useful words required for everyday communication - the names of months and days of the week, measurements, family members, and more.

T&P Books Publishing
www.tpbooks.com

ISBN: 978-1-78616-740-8

This book is also available in E-book formats.
Please visit www.tpbooks.com or the major online bookstores.

PRONUNCIATION

Letter	Georgian example	T&P phonetic alphabet	English example
ა	აკადემია	[ɑ]	shorter than in park, card
ბ	ბიოლოგია	[b]	baby, book
გ	გრამატიკა	[g]	game, gold
დ	შუალედი	[d]	day, doctor
ე	ბედნიერი	[ɛ]	man, bad
ვ	ვერცხლი	[v]	very, river
ზ	ზარი	[z]	zebra, please
თ	თანაკლასელი	[th]	don't have
ი	ივლისი	[i]	shorter than in feet
კ	კამა	[k]	clock, kiss
ლ	ლანგარი	[l]	lace, people
მ	მარჯვენა	[m]	magic, milk
ნ	ნაყინი	[n]	name, normal
ო	ოსტატობა	[ɔ]	bottle, doctor
პ	პასპორტი	[p]	pencil, private
ჟ	ჟიური	[ʒ]	forge, pleasure
რ	რეჟისორი	[r]	rice, radio
ს	სასმელი	[s]	city, boss
ტ	ტურისტი	[t]	tourist, trip
უ	ურდული	[u]	book
ფ	ფაიფური	[ph]	top hat
ქ	ქალაქი	[kh]	work hard
ღ	ღილაკი	[ɣ]	between [g] and [h]
ყ	ყინული	[q]	king, club
შ	შედეგი	[ʃ]	machine, shark
ჩ	ჩამჩა	[ʧh]	hitchhiker
ც	ცურვა	[tsh]	let's handle it
ძ	ძიძა	[ʣ]	beads, kids
წ	წამწამი	[ʦ]	cats, tsetse fly
ჭ	ჭანჭიკი	[ʧ]	church, French
ხ	ხარისხი	[ɦ]	humor
ჯ	ჯიბე	[ʤ]	joke, general
ჰ	ჰოკიჯოხა	[h]	home, have

LIST OF ABBREVIATIONS

English abbreviations

ab.	-	about
adj	-	adjective
adv	-	adverb
anim.	-	animate
as adj	-	attributive noun used as adjective
e.g.	-	for example
etc.	-	et cetera
fam.	-	familiar
fem.	-	feminine
form.	-	formal
inanim.	-	inanimate
masc.	-	masculine
math	-	mathematics
mil.	-	military
n	-	noun
pl	-	plural
pron.	-	pronoun
sb	-	somebody
sing.	-	singular
sth	-	something
v aux	-	auxiliary verb
vi	-	intransitive verb
vi, vt	-	intransitive, transitive verb
vt	-	transitive verb

GEORGIAN PHRASEBOOK

This section contains
important phrases that may
come in handy in various
real-life situations.
The phrasebook will help
you ask for directions, clarify
a price, buy tickets, and
order food at a restaurant

T&P Books Publishing

PHRASEBOOK
CONTENTS

The bare minimum	10
Questions	13
Needs	14
Asking for directions	16
Signs	18
Transportation. General phrases	20
Buying tickets	22
Bus	24
Train	26
On the train. Dialogue (No ticket)	27
Taxi	28
Hotel	30
Restaurant	33
Shopping	35
In town	37
Money	39

Time	41
Greetings. Introductions	43
Farewells	45
Foreign language	47
Apologies	49
Agreement	50
Refusal. Expressing doubt	51
Expressing gratitude	53
Congratulations. Best wishes	54
Socializing	55
Sharing impressions. Emotions	58
Problems. Accidents	60
Health problems	63
At the pharmacy	66
The bare minimum	68

T&P Books Publishing

The bare minimum

Excuse me, ...	უკაცრავად, ... uk'atsravad, ...
Hello.	გამარჯობა. gamarjoba.
Thank you.	გმადლობთ. gmadlobt.
Good bye.	ნახვამდის. nakhvamdis.
Yes.	დიახ. diakh.
No.	არა. ara.
I don't know.	არ ვიცი. ar vitsi.
Where? | Where to? | When?	სად?| საით?| როდის? sad?| sait?| rodis?
I need ...	მე მჭირდება... me mch'irdeba...
I want ...	მე მინდა ... me minda ...
Do you have ...?	თქვენ გაქვთ ...? tkven gakvt ...?
Is there a ... here?	აქ არის ... ? ak aris ... ?
May I ...?	შემიძლია... ? shemidzlia... ?
..., please (polite request)	თუ შეიძლება tu sheidzleba
I'm looking for ...	მე ვეძებ ... me vedzeb ...
restroom	ტუალეტს t'ualet's
ATM	ბანკომატს bank'omat's
pharmacy (drugstore)	აფთიაქს aptiaks
hospital	საავადმყოფოს saavadmqopos
police station	პოლიციის განყოფილებას p'olitsiis ganqopilebas
subway	მეტროს met'ros

taxi	ტაქსს t'akss
train station	რკინიგზის სადგურს rk'inigzis sadgurs

My name is …	მე მქვია … me mkvia …
What's your name?	რა გქვიათ? ra gkviat?
Could you please help me?	დამეხმარეთ, თუ შეიძლება. damekhmaret, tu sheidzleba.
I've got a problem.	პრობლემა მაქვს. p'roblema makvs.
I don't feel well.	ცუდად ვარ. tsudad var.
Call an ambulance!	გამოიძახეთ სასწრაფო! gamoidzakhet sasts'rapo!
May I make a call?	შემიძლია დავრეკო? shemidzlia davrek'o?

I'm sorry.	ბოდიშს გიხდით bodishs gikhdit
You're welcome.	არაფერს arapers

I, me	მე me
you (inform.)	შენ shen
he	ის is
she	ის is
they (masc.)	ისინი isini
they (fem.)	ისინი isini
we	ჩვენ chven
you (pl)	თქვენ tkven
you (sg, form.)	თქვენ tkven

ENTRANCE	შესასვლელი shesasvleli
EXIT	გასასვლელი gasasvleli
OUT OF ORDER	არ მუშაობს ar mushaobs
CLOSED	დაკეტილია dak'et'ilia

OPEN   ღიაა
ghiaa

FOR WOMEN   ქალებისთვის
kalebistvis

FOR MEN   მამაკაცებისთვის
mamak'atsebistvis

Questions

Where?
სად?
sad?

Where to?
საით?
sait?

Where from?
საიდან?
saidan?

Why?
რატომ?
rat'om?

For what reason?
რისთვის?
ristvis?

When?
როდის?
rodis?

How long?
რამდენ ხანს?
ramden khans?

At what time?
რომელ საათზე?
romel saatze?

How much?
რა ღირს?
ra ghirs?

Do you have ...?
თქვენ გაქვთ ...?
tkven gakvt ...?

Where is ...?
სად არის ...?
sad aris ...?

What time is it?
რომელი საათია?
romeli saatia?

May I make a call?
შემიძლია დავრეკო?
shemidzlia davrek'o?

Who's there?
ვინ არის?
vin aris?

Can I smoke here?
შემიძლია აქ მოვწიო?
shemidzlia ak movts'io?

May I ...?
შემიძლია ...?
shemidzlia ...?

Needs

I'd like ...	**მე მინდა ...** me minda ...
I don't want ...	**მე არ მინდა ...** me ar minda ...
I'm thirsty.	**მწყურია.** mts'quria.
I want to sleep.	**მეძინება.** medzineba.
I want ...	**მე მინდა ...** me minda ...
to wash up	**ხელ-პირის დაბანა** khel-p'iris dabana
to brush my teeth	**კბილების გაწმენდა** k'bilebis gats'menda
to rest a while	**ცოტა დასვენება** tsot'a dasveneba
to change my clothes	**ტანისამოსის გამოცვლა** t'anisamosis gamotsvla
to go back to the hotel	**დავბრუნდე სასტუმროში** davbrunde sast'umroshi
to buy ...	**ვიყიდო ...** viqido ...
to go to ...	**გავემგზავრო ...** gavemgzavro ...
to visit ...	**ვეწვიო ...** vets'vio ...
to meet with ...	**შევხვდე ...** shevkhvde ...
to make a call	**დავრეკო** davrek'o
I'm tired.	**მე დავიღალე.** me davighale.
We are tired.	**ჩვენ დავიღალეთ.** chven davighalet.
I'm cold.	**მე მცივა.** me mtsiva.
I'm hot.	**მე მცხელა.** me mtskhela.
I'm OK.	**მე ნორმალურად ვარ.** me normalurad var.

I need to make a call.

მე უნდა დავრეკო.
me unda davrek'o.

I need to go to the restroom.

მე მინდა ტუალეტში.
me minda t'ualet'shi.

I have to go.

წასვლის დროა.
ts'asvlis droa.

I have to go now.

მე უნდა წავიდე.
me unda ts'avide.

Asking for directions

Excuse me, ...	უკაცრავად, ... uk'atsravad, ...
Where is ...?	სად არის ...? sad aris ...?
Which way is ...?	რომელი მიმართულებითაა ...? romeli mimartulebitaa ...?
Could you help me, please?	დამეხმარეთ, თუ შეიძლება. damekhmaret, tu sheidzleba.
I'm looking for ...	მე ვეძებ ... me vedzeb ...
I'm looking for the exit.	მე ვეძებ გასასვლელს. me vedzeb gasasvlels.
I'm going to ...	მე მივემგზავრები ...-ში me mivemgzavrebi ...-shi
Am I going the right way to ...?	სწორად მივდივარ ...? sts'orad mivdivar ...?
Is it far?	ეს შორსაა? es shorsaa?
Can I get there on foot?	მე მივალ იქამდე ფეხით? me mival ikamde pekhit?
Can you show me on the map?	რუკაზე მაჩვენეთ, თუ შეიძლება. ruk'aze machvenet, tu sheidzleba.
Show me where we are right now.	მაჩვენეთ, სად ვართ ახლა. machvenet, sad vart akhla.
Here	აქ ak
There	იქ ik
This way	აქეთ aket
Turn right.	მოუხვიეთ მარჯვნივ. moukhviet marjvniv.
Turn left.	მოუხვიეთ მარცხნივ. moukhviet martskhniv.
first (second, third) turn	პირველი (მეორე, მესამე) მოსახვევი p'irveli (meore, mesame) mosakhvevi
to the right	მარჯვნივ marjvniv

to the left   **მარცხნივ**
martskhniv

Go straight ahead.   **იარეთ პირდაპირ.**
iaret p'irdap'ir.

Signs

WELCOME!	კეთილი იყოს თქვენი მობრძანება! k'etili iqos tkveni mobrdzaneba!
ENTRANCE	შესასვლელი shesasvleli
EXIT	გასასვლელი gasasvleli

PUSH	თქვენგან tkvengan
PULL	თქვენკენ tkvenk'en
OPEN	ღიაა ghiaa
CLOSED	დაკეტილია dak'et'ilia

FOR WOMEN	ქალებისთვის kalebistvis
FOR MEN	მამაკაცებისთვის mamak'atsebistvis
GENTLEMEN, GENTS (m)	მამაკაცების ტუალეტი mamak'atsebis t'ualet'i
WOMEN (f)	ქალების ტუალეტი kalebis t'ualet'i

DISCOUNTS	ფასდაკლება pasdak'leba
SALE	გაყიდვა ფასდაკლებით gaqidva pasdak'lebit
FREE	უფასოდ upasod
NEW!	სიახლე! siakhle!
ATTENTION!	ყურადღება! quradgheba!

NO VACANCIES	ადგილები არ არის adgilebi ar aris
RESERVED	დაჯავშნილია dajavshnilia
ADMINISTRATION	ადმინისტრაცია administ'ratsia
STAFF ONLY	მხოლოდ პერსონალისთვის mkholod p'ersonalistvis

BEWARE OF THE DOG!
ავი ძაღლი
avi dzaghli

NO SMOKING!
ნუ მოსწევთ!
nu mosts'evt!

DO NOT TOUCH!
არ შეეხოთ!
ar sheekhot!

DANGEROUS
საშიშია
sashishia

DANGER
საფრთხე
saprtkhe

HIGH VOLTAGE
მაღალი ძაბვა
maghali dzabva

NO SWIMMING!
ბანაობა აკრძალულია
banaoba ak'rdzalulia

OUT OF ORDER
არ მუშაობს
ar mushaobs

FLAMMABLE
ცეცხლსაშიშია
tsetskhlsashishia

FORBIDDEN
აკრძალულია
ak'rdzalulia

NO TRESPASSING!
გავლა აკრძალულია
gavla ak'rdzalulia

WET PAINT
შეღებილია
sheghebilia

CLOSED FOR RENOVATIONS
დაკეტილია სარემონტოდ
dak'et'ilia saremont'od

WORKS AHEAD
სარემონტო სამუშაოები
saremont'o samushaoebi

DETOUR
შემოვლითი გზა
shemovliti gza

Transportation. General phrases

plane	თვითმფრინავი tvitmprinavi
train	მატარებელი mat'arebeli
bus	ავტობუსი avt'obusi
ferry	ბორანი borani
taxi	ტაქსი t'aksi
car	მანქანა mankana
schedule	განრიგი ganrigi
Where can I see the schedule?	სად შეიძლება განრიგის ნახვა? sad sheidzleba ganrigis nakhva?
workdays (weekdays)	სამუშაო დღეები samushao dgheebi
weekends	დასვენების დღეები dasvenebis dgheebi
holidays	სადღესასწაულო დღეები sadghesasts'aulo dgheebi
DEPARTURE	გამგზავრება gamgzavreba
ARRIVAL	ჩამოსვლა chamosvla
DELAYED	იგვიანებს igvianebs
CANCELLED	გაუქმებულია gaukmebulia
next (train, etc.)	შემდეგი shemdegi
first	პირველი p'irveli
last	ბოლო bolo
When is the next ...?	როდის იქნება შემდეგი ...? rodis ikneba shemdegi ...?
When is the first ...?	როდის გადის პირველი ...? rodis gadis p'irveli ...?

When is the last …?

როდის გადის ბოლო …?
rodis gadis bolo …?

transfer (change of trains, etc.)

გადაჯდომა
gadajdoma

to make a transfer

გადაჯდომის გაკეთება
gadajdomis gak'eteba

Do I need to make a transfer?

გადაჯდომა მომიწევს?
gadajdoma momits'evs?

Buying tickets

Where can I buy tickets?	სად შემიძლია ვიყიდო ბილეთები? sad shemidzlia viqido biletebi?
ticket	ბილეთი bileti
to buy a ticket	ბილეთის ყიდვა biletis qidva
ticket price	ბილეთის ღირებულება biletis ghirebuleba
Where to?	სად? sad?
To what station?	რომელ სადგურამდე? romel sadguramde?
I need …	მე მჭირდება … me mch'irdeba …
one ticket	ერთი ბილეთი erti bileti
two tickets	ორი ბილეთი ori bileti
three tickets	სამი ბილეთი sami bileti
one-way	ერთი მიმართულებით erti mimartulebit
round-trip	იქით და უკან ikit da uk'an
first class	პირველი კლასი p'irveli k'lasi
second class	მეორე კლასი meore k'lasi
today	დღეს dghes
tomorrow	ხვალ khval
the day after tomorrow	ზეგ zeg
in the morning	დილით dilit
in the afternoon	დღისით dghisit
in the evening	საღამოს saghamos

aisle seat	ადგილი გასასვლელთან adgili gasasvleltan
window seat	ადგილი ფანჯარასთან adgili panjarastan
How much?	რამდენი? ramdeni?
Can I pay by credit card?	შემიძლია ბარათით გადავიხადო? shemidzlia baratit gadavikhado?

Bus

bus	ავტობუსი avt'obusi
intercity bus	საქალაქთაშორისო ავტობუსი sakalaktashoriso avt'obusi
bus stop	ავტობუსის გაჩერება avt'obusis gachereba
Where's the nearest bus stop?	სად არის უახლოესი ავტობუსის გაჩერება? sad aris uakhloesi avt'obusis gachereba?
number (bus ~, etc.)	ნომერი nomeri
Which bus do I take to get to ...?	რომელი ავტობუსი მიდის ...-მდე? romeli avt'obusi midis ...-mde?
Does this bus go to ...?	ეს ავტობუსი მიდის ...-მდე? es avt'obusi midis ...-mde?
How frequent are the buses?	რამდენად ხშირად დადიან ავტობუსები? ramdenad khshirad dadian avt'obusebi?
every 15 minutes	ყოველ თხუთმეტ წუთში qovel tkhutmet' ts'utshi
every half hour	ყოველ ნახევარ საათში qovel nakhevar saatshi
every hour	ყოველ საათში qovel saatshi
several times a day	დღეში რამდენჯერმე dgheshi ramdenjerme
... times a day	...-ჯერ დღეში ...-jer dgheshi
schedule	განრიგი ganrigi
Where can I see the schedule?	სად შეიძლება განრიგის ნახვა? sad sheidzleba ganrigis nakhva?
When is the next bus?	როდის იქნება შემდეგი ავტობუსი? rodis ikneba shemdegi avt'obusi?
When is the first bus?	როდის გადის პირველი ავტობუსი? rodis gadis p'irveli avt'obusi?
When is the last bus?	როდის გადის ბოლო ავტობუსი? rodis gadis bolo avt'obusi?

stop	გაჩერება gachereba
next stop	შემდეგი გაჩერება shemdegi gachereba
last stop (terminus)	ბოლო გაჩერება bolo gachereba
Stop here, please.	აქ გააჩერეთ, თუ შეიძლება. ak gaacheret, tu sheidzleba.
Excuse me, this is my stop.	უკაცრავად, ეს ჩემი გაჩერებაა. uk'atsravad, es chemi gacherebaa.

Train

train	მატარებელი mat'arebeli
suburban train	საგარეუბნო მატარებელი sagareubno mat'arebeli
long-distance train	შორი მიმოსვლის მატარებელი shori mimosvlis mat'arebeli
train station	რკინიგზის სადგური rk'inigzis sadguri
Excuse me, where is the exit to the platform?	უკაცრავად, სად არის მატარებლებთან გასასვლელი? uk'atsravad, sad aris mat'areblebtan gasasvleli?
Does this train go to …?	ეს მატარებელი მიდის …-მდე? es mat'arebeli midis …-mde?
next train	შემდეგი მატარებელი shemdegi mat'arebeli
When is the next train?	როდის იქნება შემდეგი მატარებელი? rodis ikneba shemdegi mat'arebeli?
Where can I see the schedule?	სად შეიძლება განრიგის ნახვა? sad sheidzleba ganrigis nakhva?
From which platform?	რომელი ბაქნიდან? romeli baknidan?
When does the train arrive in …?	როდის ჩადის მატარებელი …-ში? rodis chadis mat'arebeli …-shi?
Please help me.	დამეხმარეთ, თუ შეიძლება. damekhmaret, tu sheidzleba.
I'm looking for my seat.	მე ვეძებ ჩემს ადგილს. me vedzeb chems adgils.
We're looking for our seats.	ჩვენ ვეძებთ ჩვენს ადგილებს. chven vedzebt chvens adgilebs.
My seat is taken.	ჩემი ადგილი დაკავებულია. chemi adgili dak'avebulia.
Our seats are taken.	ჩვენი ადგილები დაკავებულია. chveni adgilebi dak'avebulia.
I'm sorry but this is my seat.	უკაცრავად, მაგრამ ეს ჩემი ადგილია. uk'atsravad, magram es chemi adgilia.
Is this seat taken?	ეს ადგილი თავისუფალია? es adgili tavisupalia?
May I sit here?	შემიძლია აქ დავჯდე? shemidzlia ak davjde?

On the train. Dialogue (No ticket)

Ticket, please.

თქვენი ბილეთი, თუ შეიძლება.
tkveni bileti, tu sheidzleba.

I don't have a ticket.

მე არა მაქვს ბილეთი.
me ara makvs bileti.

I lost my ticket.

მე დავკარგე ჩემი ბილეთი.
me davk'arge chemi bileti.

I forgot my ticket at home.

მე ბილეთი სახლში დამრჩა.
me bileti sakhlshi damrcha.

You can buy a ticket from me.

თქვენ შეგიძლიათ იყიდოთ
ბილეთი ჩემგან.
tkven shegidzliat iqidot
bileti chemgan.

You will also have to pay a fine.

თქვენ კიდევ მოგიწევთ
ჯარიმის გადახდა.
tkven k'idev mogits'evt
jarimis gadakhda.

Okay.

კარგი.
k'argi.

Where are you going?

სად მიემგზავრებით?
sad miemgzavrebit?

I'm going to ...

მე მივდივარ ...-მდე
me mivdivar ...-mde

How much? I don't understand.

რამდენი? არ მესმის.
ramdeni? ar mesmis.

Write it down, please.

დამიწერეთ, თუ შეიძლება.
damits'eret, tu sheidzleba.

Okay. Can I pay with a credit card?

კარგი. შემიძლია ბარათით
გადავიხადო?
k'argi. shemidzlia baratit
gadavikhado?

Yes, you can.

დიახ, შეგიძლიათ.
diakh, shegidzliat.

Here's your receipt.

აი თქვენი ქვითარი.
ai tkveni kvitari.

Sorry about the fine.

ვწუხვარ ჯარიმაზე.
vts'ukhvar jarimaze.

That's okay. It was my fault.

არა უშავს. ეს ჩემი ბრალია.
ara ushavs. es chemi bralia.

Enjoy your trip.

სასიამოვნო მგზავრობას გისურვებთ.
sasiamovno mgzavrobas gisurvebt.

Taxi

taxi	ტაქსი t'aksi
taxi driver	ტაქსისტი t'aksist'i
to catch a taxi	ტაქსის დაჭერა t'aksis dach'era
taxi stand	ტაქსის გაჩერება t'aksis gachereba
Where can I get a taxi?	სად შემიძლია ტაქსის გაჩერება? sad shemidzlia t'aksis gachereba?
to call a taxi	ტაქსის გამოძახება t'aksis gamodzakheba
I need a taxi.	მე მჭირდება ტაქსი. me mch'irdeba t'aksi.
Right now.	პირდაპირ ახლა. p'irdap'ir akhla.
What is your address (location)?	თქვენი მისამართი? tkveni misamarti?
My address is ...	ჩემი მიასამართია ... chemi miasamartia ...
Your destination?	სად უნდა გაემგზავროთ? sad unda gaemgzavrot?
Excuse me, ...	უკაცრავად, ... uk'atsravad, ...
Are you available?	თქვენ თავისუფალი ხართ? tkven tavisupali khart?
How much is it to get to ...?	რა ღირს წასვლა ...-მდე? ra ghirs ts'asvla ...-mde?
Do you know where it is?	თქვენ იცით, სად არის ეს? tkven itsit, sad aris es?
Airport, please.	აეროპორტში, თუ შეიძლება. aerop'ort'shi, tu sheidzleba.
Stop here, please.	აქ გააჩერეთ, თუ შეიძლება. ak gaacheret, tu sheidzleba.
It's not here.	ეს აქ არ არის. es ak ar aris.
This is the wrong address.	ეს არასწორი მისამართია. es arasts'ori misamartia.
Turn left.	ახლა მარცხნივ. akhla martskhniv.

Turn right.
ახლა მარჯვნივ.
akhla marjvniv.

How much do I owe you?
რამდენი უნდა გადაგიხადოთ?
ramdeni unda gadagikhadot?

I'd like a receipt, please.
ჩეკი მომეცით, თუ შეიძლება.
chek'i mometsit, tu sheidzleba.

Keep the change.
ხურდა არ მინდა.
khurda ar minda.

Would you please wait for me?
დამელოდეთ, თუ შეიძლება.
damelodet, tu sheidzleba.

five minutes
ხუთი წუთი
khuti ts'uti

ten minutes
ათი წუთი
ati ts'uti

fifteen minutes
თხუთმეტი წუთი
tkhutmet'i ts'uti

twenty minutes
ოცი წუთი
otsi ts'uti

half an hour
ნახევარი საათი
nakhevari saati

Hotel

Hello.	გამარჯობა. gamarjoba.
My name is ...	მე მქვია ... me mkvia ...
I have a reservation.	მე დავჯავშნე ნომერი. me davjavshne nomeri.
I need ...	მე მჭირდება ... me mch'irdeba ...
a single room	ერთადგილიანი ნომერი ertadgiliani nomeri
a double room	ორადგილიანი ნომერი oradgiliani nomeri
How much is that?	რა ღირს? ra ghirs?
That's a bit expensive.	ეს ცოტა ძვირია. es tsot'a dzviria.
Do you have anything else?	გაქვთ კიდევ რამე? gakvt k'idev rame?
I'll take it.	მე ავიღებ ამას. me avigheb amas.
I'll pay in cash.	მე ნაღდით გადავიხდი. me naghdit gadavikhdi.
I've got a problem.	პრობლემა მაქვს. p'roblema makvs.
My ... is broken.	ჩემთან გაფუჭებულია ... chemtan gapuch'ebulia ...
My ... is out of order.	ჩემთან არ მუშაობს ... chemtan ar mushaobs ...
TV	ტელევიზორი t'elevizori
air conditioner	კონდიციონერი k'onditsioneri
tap	ონკანი onk'ani
shower	შხაპი shkhap'i
sink	ნიჟარა nizhara
safe	სეიფი seipi

door lock	საკეტი sak'et'i
electrical outlet	როზეტი rozet'i
hairdryer	ფენი peni

I don't have ...	მე არა მაქვს ... me ara makvs ...
water	წყალი ts'qali
light	სინათლე sinatle
electricity	დენი deni

Can you give me ...?	შეგიძლიათ მომცეთ ...? shegidzliat momtset ...?
a towel	პირსახოცი p'irsakhotsi
a blanket	საბანი sabani
slippers	ჩუსტები, ფლოსტები, ქოშები chust'ebi, plost'ebi, koshebi
a robe	ხალათი khalati
shampoo	შამპუნი shamp'uni
soap	საპონი sap'oni

I'd like to change rooms.	მე მინდა გამოვცვალო ნომერი. me minda gamovtsvalo nomeri.
I can't find my key.	ვერ ვპოულობ ჩემს გასაღებს. ver vp'oulob chems gasaghebs.
Could you open my room, please?	გამიღეთ ჩემი ნომერი, თუ შეიძლება. gamighet chemi nomeri, tu sheidzleba.
Who's there?	ვინ არის? vin aris?
Come in!	მობრძანდით! mobrdzandit!
Just a minute!	ერთი წუთით! erti ts'utit!
Not right now, please.	თუ შეიძლება, ახლა არა. tu sheidzleba, akhla ara.
Come to my room, please.	შემობრძანდით ჩემთან, თუ შეიძლება. shemobrdzandit chemtan, tu sheidzleba.
I'd like to order food service.	მე მინდა შევუკვეთო საჭმელი ნომერში. me minda shevuk'veto sach'meli nomershi.

My room number is …

ჩემი ოთახის ნომერია …
chemi otakhis nomeria …

I'm leaving …

მე მივემგზავრები …
me mivemgzavrebi …

We're leaving …

ჩვენ მივემგზავრებით …
chven mivemgzavrebit …

right now

ახლა
akhla

this afternoon

დღეს სადილის შემდეგ
dghes sadilis shemdeg

tonight

დღეს საღამოს
dghes saghamos

tomorrow

ხვალ
khval

tomorrow morning

ხვალ დილით
khval dilit

tomorrow evening

ხვალ საღამოს
khval saghamos

the day after tomorrow

ზეგ
zeg

I'd like to pay.

მე მინდა გავასწორო ანგარიში.
me minda gavasts'oro angarishi.

Everything was wonderful.

ყველაფერი შესანიშნავი იყო.
qvelaperi shesanishnavi iqo.

Where can I get a taxi?

სად შემიძლია ტაქსის გაჩერება?
sad shemidzlia t'aksis gachereba?

Would you call a taxi for me, please?

გამომიძახეთ ტაქსი, თუ შეიძლება.
gamomidzakhet t'aksi, tu sheidzleba.

Restaurant

Can I look at the menu, please?
შემიძლია ვნახო თქვენი მენიუ?
shemidzlia vnakho tkveni meniu?

Table for one.
მაგიდა ერთი კაცისთვის.
magida erti k'atsistvis.

There are two (three, four) of us.
ჩვენ ორნი (სამნი, ოთხნი) ვართ.
chven orni (samni, otkhni) vart.

Smoking
მწეველებისთვის
mts'evelebistvis

No smoking
არამწეველებისთვის
aramts'evelebistvis

Excuse me! (addressing a waiter)
თუ შეიძლება!
tu sheidzleba!

menu
მენიუ
meniu

wine list
ღვინის ბარათი
ghvinis barati

The menu, please.
მენიუ, თუ შეიძლება.
meniu, tu sheidzleba.

Are you ready to order?
თქვენ მზად ხართ შეკვეთის
გასაკეთებლად?
tkven mzad khart shek'vetis
gasak'eteblad?

What will you have?
რას შეუკვეთავთ?
ras sheuk'vetavt?

I'll have ...
მე მინდა ...
me minda ...

I'm a vegetarian.
მე ვეგეტარიანელი ვარ.
me veget'arianeli var.

meat
ხორცი
khortsi

fish
თევზი
tevzi

vegetables
ბოსტნეული
bost'neuli

Do you have vegetarian dishes?
თქვენ გაქვთ ვეგეტარიანული კერძები?
tkven gakvt veget'arianuli k'erdzebi?

I don't eat pork.
მე არ ვჭამ ღორის ხორცს.
me ar vch'am ghoris khortss.

He /she/ doesn't eat meat.
ის არ ჭამს ხორცს.
is ar ch'ams khortss.

I am allergic to …

მე ალერგია მაქვს …-ზე
me alergia makvs …-ze

Would you please bring me …

მომიტანეთ, თუ შეიძლება, …
momit'anet, tu sheidzleba, …

salt | pepper | sugar

მარილი | პილპილი | შაქარი
marili | p'ilp'ili | shakari

coffee | tea | dessert

ყავა | ჩაი | დესერტი
qava | chai | desert'i

water | sparkling | plain

წყალი | გაზიანი | უგაზო
ts'qali | gaziani | ugazo

a spoon | fork | knife

კოვზი | ჩანგალი | დანა
k'ovzi | changali | dana

a plate | napkin

თეფში | ხელსახოცი
tepshi | khelsakhotsi

Enjoy your meal!

გემრიელად მიირთვით!
gemrielad miirtvit!

One more, please.

კიდევ მომიტანეთ, თუ შეიძლება.
k'idev momit'anet, tu sheidzleba.

It was very delicious.

ძალიან გემრიელი იყო.
dzalian gemrieli iqo.

---

check | change | tip

ანგარიში | ხურდა | ჩაის ფული
angarishi | khurda | chais puli

Check, please.
(Could I have the check, please?)

ანგარიში, თუ შეიძლება.
angarishi, tu sheidzleba.

Can I pay by credit card?

შემიძლია ბარათით გადავიხადო?
shemidzlia baratit gadavikhado?

I'm sorry, there's a mistake here.

უკაცრავად, აქ შეცდომაა.
uk'atsravad, ak shetsdomaa.

Shopping

Can I help you?	შემიძლია დაგეხმაროთ? shemidzlia dagekhmarot?
Do you have ...?	თქვენ გაქვთ ...? tkven gakvt ...?
I'm looking for ...	მე ვეძებ ... me vedzeb ...
I need ...	მე მჭირდება ... me mch'irdeba ...
I'm just looking.	მე უბრალოდ ვათვალიერებ. me ubralod vatvaliereb.
We're just looking.	ჩვენ უბრალოდ ვათვალიერებთ. chven ubralod vatvalierebt.
I'll come back later.	მე მოგვიანებით მოვალ. me mogvianebit moval.
We'll come back later.	ჩვენ მოგვიანებით მოვალთ. chven mogvianebit movalt.
discounts	sale	ფასდაკლება	გაყიდვა ფასდაკლებით pasdak'leba	gaqidva pasdak'lebit
Would you please show me ...	მაჩვენეთ, თუ შეიძლება ... machvenet, tu sheidzleba ...
Would you please give me ...	მომეცით, თუ შეიძლება ... mometsit, tu sheidzleba ...
Can I try it on?	შეიძლება ეს მოვიზომო? sheidzleba es movizomo?
Excuse me, where's the fitting room?	უკაცრავად, სად არის ტანსაცმლის მოსაზომი? uk'atsravad, sad aris t'ansatsmlis mosazomi?
Which color would you like?	რომელი ფერი გნებავთ? romeli peri gnebavt?
size	length	ზომა	სიმაღლე zoma	simaghle
How does it fit?	მოგერგოთ? mogergot?
How much is it?	რა ღირს ეს? ra ghirs es?
That's too expensive.	ეს ძალიან ძვირია. es dzalian dzviria.
I'll take it.	მე ამას ავიღებ. me amas avigheb.

Excuse me, where do I pay?	უკაცრავად, სად არის სალარო? uk'atsravad, sad aris salaro?
Will you pay in cash or credit card?	როგორ გადაიხდით? ნაღდით თუ საკრედიტო ბარათით? rogor gadaikhdit? naghdit tu sak'redit'o baratit?
In cash | with credit card	ნაღდით | ბარათით naghdit | baratit

Do you want the receipt?	თქვენ გჭირდებათ ჩეკი? tkven gch'irdebat chek'i?
Yes, please.	დიახ, თუ შეიძლება. diakh, tu sheidzleba.
No, it's OK.	არა, არ არის საჭირო. გმადლობთ. ara, ar aris sach'iro. gmadlobt.
Thank you. Have a nice day!	გმადლობთ. კარგად ბრძანდებოდეთ! gmadlobt. k'argad brdzandebodet!

In town

Excuse me, please.	უკაცრავად, თუ შეიძლება … uk'atsravad, tu sheidzleba …
I'm looking for …	მე ვეძებ … me vedzeb …
the subway	მეტროს met'ros
my hotel	ჩემს სასტუმროს chems sast'umros
the movie theater	კინოთეატრს k'inoteat'rs
a taxi stand	ტაქსის გაჩერებას t'aksis gacherebas
an ATM	ბანკომატს bank'omat's
a foreign exchange office	ვალუტის გაცვლას valut'is gatsvlas
an internet café	ინტერნეტ-კაფეს int'ernet'-k'apes
… street	… ქუჩას … kuchas
this place	აი ამ ადგილს ai am adgils
Do you know where … is?	თქვენ არ იცით, სად მდებარეობს …? tkven ar itsit, sad mdebareobs …?
Which street is this?	რა ჰქვია ამ ქუჩას? ra hkvia am kuchas?
Show me where we are right now.	მაჩვენეთ, სად ვართ ახლა. machvenet, sad vart akhla.
Can I get there on foot?	მე მივალ იქამდე ფეხით? me mival ikamde pekhit?
Do you have a map of the city?	თქვენ გაქვთ ქალაქის რუკა? tkven gakvt kalakis ruk'a?
How much is a ticket to get in?	რა ღირს შესასვლელი ბილეთი? ra ghirs shesasvleli bileti?
Can I take pictures here?	აქ შეიძლება ფოტოგადაღება? ak sheidzleba pot'ogadagheba?
Are you open?	თქვენთან ღიაა? tkventan ghiaa?

When do you open?	რომელ საათზე გაიხსნებით?
	romel saatze gaikhsnebit?
When do you close?	რომელ საათამდე მუშაობთ?
	romel saatamde mushaobt?

Money

money	ფული puli
cash	ნაღდი ფული naghdi puli
paper money	ქაღალდის ფული kaghaldis puli
loose change	ხურდა ფული khurda puli
check | change | tip	ანგარიში | ხურდა | ჩაის ფული angarishi | khurda | chais puli
credit card	საკრედიტო ბარათი sak'redit'o barati
wallet	საფულე sapule
to buy	ყიდვა, შეძენა qidva, shedzena
to pay	გადახდა gadakhda
fine	ჯარიმა jarima
free	უფასოდ upasod
Where can I buy ...?	სად შემიძლია ვიყიდო ...? sad shemidzlia viqido ...?
Is the bank open now?	ბანკი ახლა ღიაა? bank'i akhla ghiaa?
When does it open?	რომელ საათზე იღება? romel saatze igheba?
When does it close?	რომელ საათამდე მუშაობს? romel saatamde mushaobs?
How much?	რამდენი? ramdeni?
How much is this?	რა ღირს ეს? ra ghirs es?
That's too expensive.	ეს ძალიან ძვირია. es dzalian dzviria.
Excuse me, where do I pay?	უკაცრავად, სად არის სალარო? uk'atsravad, sad aris salaro?
Check, please.	ანგარიში, თუ შეიძლება. angarishi, tu sheidzleba.

Can I pay by credit card?	**შემიძლია ბარათით გადავიხადო?** shemidzlia baratit gadavikhado?
Is there an ATM here?	**აქ არის ბანკომატი?** ak aris bank'omat'i?
I'm looking for an ATM.	**მე მჭირდება ბანკომატი.** me mch'irdeba bank'omat'i.

I'm looking for a foreign exchange office.	**მე ვეძებ ვალუტის გადამცვლელს.** me vedzeb valut'is gadamtsvlels.
I'd like to change ...	**მე მინდა გადავცვალო ...** me minda gadavtsvalo ...
What is the exchange rate?	**როგორია გაცვლითი კურსი?** rogoria gatsvliti k'ursi?
Do you need my passport?	**გჭირდებათ ჩემი პასპორტი?** gch'irdebat chemi p'asp'ort'i?

Time

What time is it?	რომელი საათია?
	romeli saatia?
When?	როდის?
	rodis?
At what time?	რომელ საათზე?
	romel saatze?
now | later | after …	ახლა | მოგვიანებით | … შემდეგ
	akhla | mogvianebit | … shemdeg
one o'clock	დღის პირველი საათი
	dghis p'irveli saati
one fifteen	პირველი საათი და თხუთმეტი წუთი
	p'irveli saati da tkhutmet'i ts'uti
one thirty	პირველი საათი და ოცდაათი წუთი
	p'irveli saati da otsdaati ts'uti
one forty-five	ორს აკლია თხუთმეტი წუთი
	ors ak'lia tkhutmet'i ts'uti
one | two | three	ერთი | ორი | სამი
	erti | ori | sami
four | five | six	ოთხი | ხუთი | ექვსი
	otkhi | khuti | ekvsi
seven | eight | nine	შვიდი | რვა | ცხრა
	shvidi | rva | tskhra
ten | eleven | twelve	ათი | თერთმეტი | თორმეტი
	ati | tertmet'i | tormet'i
in …	…-ის შემდეგ
	…-is shemdeg
five minutes	ხუთი წუთის
	khuti ts'utis
ten minutes	ათი წუთის
	ati ts'utis
fifteen minutes	თხუთმეტი წუთის
	tkhutmet'i ts'utis
twenty minutes	ოცი წუთის
	otsi ts'utis
half an hour	ნახევარ საათში
	nakhevar saatshi
an hour	ერთ საათში
	ert saatshi
in the morning	დილით
	dilit
early in the morning	დილით ადრე
	dilit adre

this morning	დღეს დილით dghes dilit
tomorrow morning	ხვალ დილით khval dilit

in the middle of the day	სადილზე sadilze
in the afternoon	სადილის შემდეგ sadilis shemdeg
in the evening	საღამოს saghamos
tonight	დღეს საღამოს dghes saghamos

at night	ღამით ghamit
yesterday	გუშინ gushin
today	დღეს dghes
tomorrow	ხვალ khval
the day after tomorrow	ზეგ zeg

What day is it today?	დღეს რა დღეა? dghes ra dghea?
It's ...	დღეს ... dghes ...
Monday	ორშაბათი orshabati
Tuesday	სამშაბათი samshabati
Wednesday	ოთხშაბათი otkhshabati

Thursday	ხუთშაბათი khutshabati
Friday	პარასკევი p'arask'evi
Saturday	შაბათი shabati
Sunday	კვირა k'vira

Greetings. Introductions

Hello.	გამარჯობა.
	gamarjoba.
Pleased to meet you.	მოხარული ვარ თქვენი გაცნობით.
	mokharuli var tkveni gatsnobit.
Me too.	მეც.
	mets.
I'd like you to meet ...	გაიცანით. ეს არის ...
	gaitsanit. es aris ...
Nice to meet you.	ძალიან სასიამოვნოა.
	dzalian sasiamovnoa.
How are you?	როგორ ხართ? როგორ არის თქვენი საქმეები?
	rogor khart? rogor aris tkveni sakmeebi?
My name is ...	მე მქვია ...
	me mkvia ...
His name is ...	მას ჰქვია ...
	mas hkvia ...
Her name is ...	მას ჰქვია ...
	mas hkvia ...
What's your name?	რა გქვიათ?
	ra gkviat?
What's his name?	რა ჰქვია მას?
	ra hkvia mas?
What's her name?	რა ჰქვია მას?
	ra hkvia mas?
What's your last name?	რა გვარი ხართ?
	ra gvari khart?
You can call me ...	დამიძახეთ ...
	damidzakhet ...
Where are you from?	საიდან ხართ?
	saidan khart?
I'm from ...	მე ...-დან ვარ
	me ...-dan var
What do you do for a living?	რად მუშაობთ?
	rad mushaobt?
Who is this?	ვინ არის ეს?
	vin aris es?
Who is he?	ვინ არის ის?
	vin aris is?

| Who is she? | ვინ არის ის?
vin aris is? |
| Who are they? | ვინ არიან ისინი?
vin arian isini? |

This is …	ეს არის … es aris …
my friend (masc.)	ჩემი მეგობარი chemi megobari
my friend (fem.)	ჩემი მეგობარი chemi megobari
my husband	ჩემი ქმარი chemi kmari
my wife	ჩემი ცოლი chemi tsoli

my father	ჩემი მამა chemi mama
my mother	ჩემი დედა chemi deda
my brother	ჩემი ძმა chemi dzma
my sister	ჩემი და chemi da
my son	ჩემი ვაჟი chemi vazhi
my daughter	ჩემი ქალიშვილი chemi kalishvili

This is our son.	ეს ჩვენი ვაჟიშვილია. es chveni vazhishvilia.
This is our daughter.	ეს ჩვენი ქალიშვილია. es chveni kalishvilia.
These are my children.	ეს ჩემი შვილები არიან. es chemi shvilebi arian.
These are our children.	ეს ჩვენი შვილები არიან. es chveni shvilebi arian.

Farewells

Good bye!	**ნახვამდის!** nakhvamdis!
Bye! (inform.)	**კარგად!** k'argad!
See you tomorrow.	**ხვალამდე.** khvalamde.
See you soon.	**შეხვედრამდე.** shekhvedramde.
See you at seven.	**შვიდზე შევხვდებით.** shvidze shevkhvdebit.
Have fun!	**გაერთეთ!** gaertet!
Talk to you later.	**ვისაუბროთ მოგვიანებით.** visaubrot mogvianebit.
Have a nice weekend.	**წარმატებულ დასვენების დღეებს გისურვებთ.** ts'armat'ebul dasvenebis dgheebs gisurvebt.
Good night.	**ღამე მშვიდობისა.** ghame mshvidobisa.
It's time for me to go.	**ჩემი წასვლის დროა.** chemi ts'asvlis droa.
I have to go.	**მე უნდა წავიდე.** me unda ts'avide.
I will be right back.	**ახლავე დავბრუნდები.** akhlave davbrundebi.
It's late.	**უკვე გვიანია.** uk've gviania.
I have to get up early.	**მე ადრე უნდა ავდგე.** me adre unda avdge.
I'm leaving tomorrow.	**მე ხვალ მივდივარ.** me khval mivdivar.
We're leaving tomorrow.	**ჩვენ ხვალ მივდივართ.** chven khval mivdivart.
Have a nice trip!	**ბედნიერ მგზავრობას გისურვებთ!** bednier mgzavrobas gisurvebt!
It was nice meeting you.	**სასიამოვნო იყო თქვენი გაცნობა.** sasiamovno iqo tkveni gatsnoba.

It was nice talking to you.

სასიამოვნო იყო თქვენთან ურთიერთობა.
sasiamovno iqo tkventan urtiertoba.

Thanks for everything.

გმადლობთ ყველაფრისთვის.
gmadlobt qvelapristvis.

I had a very good time.

მე საუცხოოდ გავატარე დრო.
me sautskhood gavat'are dro.

We had a very good time.

ჩვენ საუცხოოდ გავატარეთ დრო.
chven sautskhood gavat'aret dro.

It was really great.

ყველაფერი ჩინებული იყო.
qvelaperi chinebuli iqo.

I'm going to miss you.

მე მომენატრებით.
me momenat'rebit.

We're going to miss you.

ჩვენ მოგვენატრებით.
chven mogvenat'rebit.

Good luck!

წარმატებებს გისურვებთ! ბედნიერად!
ts'armat'ebebs gisurvebt! bednierad!

Say hi to ...

მოკითხვა გადაეცით ...
mok'itkhva gadaetsit ...

Foreign language

I don't understand.	მე არ მესმის. me ar mesmis.
Write it down, please.	დაწერეთ ეს, თუ შეიძლება. dats'eret es, tu sheidzleba.
Do you speak ...?	თქვენ იცით ...? tkven itsit ...?
I speak a little bit of ...	მე ცოტა ვიცი ... me tsot'a vitsi ...
English	ინგლისური inglisuri
Turkish	თურქული turkuli
Arabic	არაბული arabuli
French	ფრანგული pranguli
German	გერმანული germanuli
Italian	იტალიური it'aliuri
Spanish	ესპანური esp'anuri
Portuguese	პორტუგალიური p'ort'ugaliuri
Chinese	ჩინური chinuri
Japanese	იაპონური iap'onuri
Can you repeat that, please.	გაიმეორეთ, თუ შეიძლება. gaimeoret, tu sheidzleba.
I understand.	მე მესმის. me mesmis.
I don't understand.	მე არ მესმის. me ar mesmis.
Please speak more slowly.	ილაპარაკეთ უფრო ნელა, თუ შეიძლება. ilap'arak'et upro nela, tu sheidzleba.

Is that correct? (Am I saying it right?)   **ეს სწორია?**
es sts'oria?

What is this? (What does this mean?)   **რა არის ეს?**
ra aris es?

Apologies

Excuse me, please.	ბოდიში, უკაცრავად. bodishi, uk'atsravad.
I'm sorry.	მე ვწუხვარ. me vts'ukhvar.
I'm really sorry.	მე ძალიან ვწუხვარ. me dzalian vts'ukhvar.
Sorry, it's my fault.	დამნაშავე ვარ, ეს ჩემი ბრალია. damnashave var, es chemi bralia.
My mistake.	ჩემი შეცდომაა. chemi shetsdomaa.
May I ...?	მე შემიძლია ...? me shemidzlia ...?
Do you mind if I ...?	წინააღმდეგი ხომ არ იქნებით, მე რომ ...? ts'inaaghmdegi khom ar iknebit, me rom ...?
It's OK.	არა უშავს. ara ushavs.
It's all right.	ყველაფერი წესრიგშია. qvelaperi ts'esrigshia.
Don't worry about it.	ნუ შეწუხდებით. nu shets'ukhdebit.

Agreement

Yes.	**დიახ.** diakh.
Yes, sure.	**დიახ, რა თქმა უნდა.** diakh, ra tkma unda.
OK (Good!)	**კარგი!** k'argi!
Very well.	**ძალიან კარგი.** dzalian k'argi.
Certainly!	**რა თქმა უნდა!** ra tkma unda!
I agree.	**მე თანახმა ვარ.** me tanakhma var.
That's correct.	**სწორია.** sts'oria.
That's right.	**სწორია.** sts'oria.
You're right.	**თქვენ მართალი ხართ.** tkven martali khart.
I don't mind.	**მე წინააღმდეგი არა ვარ.** me ts'inaaghmdegi ara var.
Absolutely right.	**სრული ჭეშმარიტებაა.** sruli ch'eshmarit'ebaa.
It's possible.	**ეს შესაძლებელია.** es shesadzlebelia.
That's a good idea.	**ეს კარგი აზრია.** es k'argi azria.
I can't say no.	**უარს ვერ ვიტყვი.** uars ver vit'qvi.
I'd be happy to.	**მოხარული ვიქნები.** mokharuli viknebi.
With pleasure.	**სიამოვნებით.** siamovnebit.

Refusal. Expressing doubt

No.	არა. ara.
Certainly not.	რა თქმა უნდა არა. ra tkma unda ara.
I don't agree.	მე თანახმა არ ვარ. me tanakhma ar var.
I don't think so.	მე ასე არ ვფიქრობ. me ase ar vpikrob.
It's not true.	ეს მართალი არაა. es martali araa.
You are wrong.	თქვენ არ ხართ მართალი. tkven ar khart martali.
I think you are wrong.	მე მგონია, რომ თქვენ მართალი არ ხართ. me mgonia, rom tkven martali ar khart.
I'm not sure.	დარწმუნებული არ ვარ. darts'munebuli ar var.
It's impossible.	ეს შეუძლებელია. es sheudzlebelia.
Nothing of the kind (sort)!	ნურას უკაცრავად! nuras uk'atsravad!
The exact opposite.	პირიქით! p'irikit!
I'm against it.	მე წინააღმდეგი ვარ. me ts'inaaghmdegi var.
I don't care.	ჩემთვის სულ ერთია. chemtvis sul ertia.
I have no idea.	აზრზე არ ვარ. azrze ar var.
I doubt it.	მეეჭვება, რომ ეს ასეა. meech'veba, rom es asea.
Sorry, I can't.	ბოდიში, მე არ შემიძლია. bodishi, me ar shemidzlia.
Sorry, I don't want to.	ბოდიში, მე არ მინდა. bodishi, me ar minda.
Thank you, but I don't need this.	გმადლობთ, მე ეს არ მჭირდება. gmadlobt, me es ar mch'irdeba.
It's getting late.	უკვე გვიანია. uk've gviania.

I have to get up early.

მე ადრე უნდა ავდგე.
me adre unda avdge.

I don't feel well.

მე შეუძლოდ ვარ.
me sheudzlod var.

Expressing gratitude

Thank you.	გმადლობთ. gmadlobt.
Thank you very much.	დიდი მადლობა. didi madloba.
I really appreciate it.	ძალიან მადლიერი ვარ. dzalian madlieri var.
I'm really grateful to you.	მე თქვენი მადლობელი ვარ. me tkveni madlobeli var.
We are really grateful to you.	ჩვენ თქვენი მადლიერნი ვართ. chven tkveni madlierni vart.
Thank you for your time.	გმადლობთ, რომ დრო დახარჯეთ. gmadlobt, rom dro dakharjet.
Thanks for everything.	მადლობა ყველაფრისთვის. madloba qvelapristvis.
Thank you for …	მადლობა …-თვის madloba …-tvis
your help	თქვენი დახმარებისთვის tkveni dakhmarebistvis
a nice time	კარგი დროისთვის k'argi droistvis
a wonderful meal	მშვენიერი საჭმელისთვის mshvenieri sach'melistvis
a pleasant evening	სასიამოვნო საღამოსთვის sasiamovno saghamostvis
a wonderful day	შესანიშნავი დღისთვის shesanishnavi dghistvis
an amazing journey	საინტერესო ექსკურსიისთვის. saint'ereso eksk'ursiistvis.
Don't mention it.	არაფერს. arapers.
You are welcome.	არ ღირს სამადლობლად. ar ghirs samadloblad.
Any time.	ყოველთვის მზად ვარ. qoveltvis mzad var.
My pleasure.	მოხარული ვიყავი დაგხმარებოდით. mokharuli viqavi dagkhmarebodit.
Forget it.	დაივიწყეთ. ყველაფერი წესრიგშია. daivits'qet. qvelaperi ts'esrigshia.
Don't worry about it.	ნუ ღელავთ. nu ghelavt.

Congratulations. Best wishes

Congratulations!
გილოცავთ!
gilotsavt!

Happy birthday!
გილოცავთ დაბადების დღეს!
gilotsavt dabadebis dghes!

Merry Christmas!
ბედნიერ შობას გისურვებთ!
bednier shobas gisurvebt!

Happy New Year!
გილოცავთ ახალ წელს!
gilotsavt akhal ts'els!

Happy Easter!
ნათელ აღდგომას გილოცავთ!
natel aghdgomas gilotsavt!

Happy Hanukkah!
ბედნიერ ჰანუკას გისურვებთ!
bednier hanuk'as gisurvebt!

I'd like to propose a toast.
მე მაქვს სადღეგრძელო.
me makvs sadghegrdzelo.

Cheers!
გაგიმარჯოთ!
gagimarjot!

Let's drink to ...!
დავლიოთ ...!
davliot ...!

To our success!
ჩვენი წარმატების იყოს!
chveni ts'armat'ebis iqos!

To your success!
თქვენი წარმატების იყოს!
tkveni ts'armat'ebis iqos!

Good luck!
წარმატებას გისურვებთ!
ts'armat'ebas gisurvebt!

Have a nice day!
სასიამოვნო დღეს გისურვებთ!
sasiamovno dghes gisurvebt!

Have a good holiday!
კარგ დასვენებას გისურვებთ!
k'arg dasvenebas gisurvebt!

Have a safe journey!
გისურვებთ წარმატებულ მგზავრობას!
gisurvebt ts'armat'ebul mgzavrobas!

I hope you get better soon!
გისურვებთ მალე გამოჯანმრთელებას!
gisurvebt male gamojanmrtelebas!

Socializing

Why are you sad?	რატომ ხართ უხასიათოდ? rat'om khart ukhasiatod?
Smile! Cheer up!	გაიღიმეთ! gaighimet!
Are you free tonight?	თქვენ არ ხართ დაკავებული დღეს საღამოს? tkven ar khart dak'avebuli dghes saghamos?
May I offer you a drink?	მე შემიძლია შემოგთავაზოთ დალევა? me shemidzlia shemogtavazot daleva?
Would you like to dance?	არ გინდათ ცეკვა? ar gindat tsek'va?
Let's go to the movies.	იქნებ კინოში წავიდეთ? ikneb k'inoshi ts'avidet?
May I invite you to ...?	შემიძლია დაგპატიჟოთ ...-ში? shemidzlia dagp'at'izhot ...-shi?
a restaurant	რესტორანში rest'oranshi
the movies	კინოში k'inoshi
the theater	თეატრში teat'rshi
go for a walk	სასეირნოდ saseirnod
At what time?	რომელ საათზე? romel saatze?
tonight	დღეს საღამოს dghes saghamos
at six	ექვს საათზე ekvs saatze
at seven	შვიდ საათზე shvid saatze
at eight	რვა საათზე rva saatze
at nine	ცხრა საათზე tskhra saatze
Do you like it here?	თქვენ აქ მოგწონთ? tkven ak mogts'ont?
Are you here with someone?	თქვენ აქ ვინმესთან ერთად ხართ? tkven ak vinmestan ertad khart?

I'm with my friend.	მე მეგობართან ერთად ვარ. me megobartan ertad var.
I'm with my friends.	მე მეგობრებთან ერთად ვარ. me megobrebtan ertad var.
No, I'm alone.	მე მარტო ვარ. me mart'o var.
Do you have a boyfriend?	შენ მეგობარი ვაჟი გყავს? shen megobari vazhi gqavs?
I have a boyfriend.	მე მყავს მეგობარი ვაჟი. me mqavs megobari vazhi.
Do you have a girlfriend?	შენ გყავს მეგობარი გოგონა? shen gqavs megobari gogona?
I have a girlfriend.	მე მყავს მეგობარი გოგონა. me mqavs megobari gogona.
Can I see you again?	ჩვენ კიდევ შევხვდებით? chven k'idev shevkhvdebit?
Can I call you?	შეიძლება დაგირეკო? sheidzleba dagirek'o?
Call me. (Give me a call.)	დამირეკე. damirek'e.
What's your number?	რა ნომერი გაქვს? ra nomeri gakvs?
I miss you.	მენატრები. menat'rebi.
You have a beautiful name.	თქვენ ძალიან ლამაზი სახელი გაქვთ. tkven dzalian lamazi sakheli gakvt.
I love you.	მე შენ მიყვარხარ. me shen miqvarkhar.
Will you marry me?	გამომყევი ცოლად. gamomqevi tsolad.
You're kidding!	თქვენ ხუმრობთ! tkven khumrobt!
I'm just kidding.	მე უბრალოდ ვხუმრობ. me ubralod vkhumrob.
Are you serious?	თქვენ სერიოზულად? tkven seriozulad?
I'm serious.	მე სერიოზულად ვამბობ. me seriozulad vambob.
Really?!	მართლა?! martla?!
It's unbelievable!	ეს წარმოუდგენელია! es ts'armoudgenelia!
I don't believe you.	მე თქვენი არ მჯერა. me tkveni ar mjera.
I can't.	მე არ შემიძლია. me ar shemidzlia.
I don't know.	მე არ ვიცი. me ar vitsi.

I don't understand you.

მე თქვენი არ მესმის.
me tkveni ar mesmis.

Please go away.

წადით, თუ შეიძლება.
ts'adit, tu sheidzleba.

Leave me alone!

დამანებეთ თავი!
damanebet tavi!

I can't stand him.

მე მას ვერ ვიტან.
me mas ver vit'an.

You are disgusting!

თქვენ ამაზრზენი ხართ!
tkven amazrzeni khart!

I'll call the police!

მე პოლიციას გამოვიძახებ!
me p'olitsias gamovidzakheb!

Sharing impressions. Emotions

I like it.	მე ეს მომწონს.
	me es momts'ons.
Very nice.	ძალიან სასიამოვნოა.
	dzalian sasiamovnoa.
That's great!	ეს ძალიან კარგია!
	es dzalian k'argia!
It's not bad.	ეს ცუდი არ არის.
	es tsudi ar aris.

I don't like it.	მე ეს არ მომწონს.
	me es ar momts'ons.
It's not good.	ეს კარგი არ არის.
	es k'argi ar aris.
It's bad.	ეს ცუდია.
	es tsudia.
It's very bad.	ეს ძალიან ცუდია.
	es dzalian tsudia.
It's disgusting.	ეს ამაზრზენია.
	es amazrzenia.

I'm happy.	მე ბედნიერი ვარ.
	me bednieri var.
I'm content.	მე კმაყოფილი ვარ.
	me k'maqopili var.
I'm in love.	მე შეყვარებული ვარ.
	me sheqvarebuli var.
I'm calm.	მე მშვიდად ვარ.
	me mshvidad var.
I'm bored.	მე მოწყენილი ვარ.
	me mots'qenili var.

I'm tired.	მე დავიღალე.
	me davighale.
I'm sad.	მე სევდიანი ვარ.
	me sevdiani var.
I'm frightened.	მე შეშინებული ვარ.
	me sheshinebuli var.

I'm angry.	მე ვბრაზობ.
	me vbrazob.
I'm worried.	მე ვღელავ.
	me vghelav.
I'm nervous.	მე ვნერვიულობ.
	me vnerviulob.

I'm jealous. (envious)

მე მშურს.
me mshurs.

I'm surprised.

მე გაკვირვებული ვარ.
me gak'virvebuli var.

I'm perplexed.

მე გაოგნებული ვარ.
me gaognebuli var.

Problems. Accidents

I've got a problem.	მე პრობლემა მაქვს. me p'roblema makvs.
We've got a problem.	ჩვენ პრობლემა გვაქვს. chven p'roblema gvakvs.
I'm lost.	მე გზა ამებნა. me gza amebna.
I missed the last bus (train).	მე დამაგვიანდა ბოლო ავტობუსზე (მატარებელზე). me damagvianda bolo avt'obusze (mat'arebelze).
I don't have any money left.	მე სულ აღარ დამრჩა ფული. me sul aghar damrcha puli.
I've lost my ...	მე დავკარგე ... me davk'arge ...
Someone stole my ...	მე მომპარეს ... me momp'ares ...
passport	პასპორტი p'asp'ort'i
wallet	საფულე sapule
papers	საბუთები sabutebi
ticket	ბილეთი bileti
money	ფული puli
handbag	ჩანთა chanta
camera	ფოტოაპარატი pot'oap'arat'i
laptop	ნოუთბუქი noutbuki
tablet computer	პლანშეტი p'lanshet'i
mobile phone	ტელეფონი t'eleponi
Help me!	მიშველეთ! mishvelet!
What's happened?	რა მოხდა...? ra mokhda...?

fire	**ხანძარი** khandzari
shooting	**სროლა** srola
murder	**მკვლელობა** mk'vleloba
explosion	**აფეთქება** apetkeba
fight	**ჩხუბი** chkhubi
Call the police!	**გამოიძახეთ პოლიცია!** gamoidzakhet p'olitsia!
Please hurry up!	**თუ შეიძლება, ჩქარა!** tu sheidzleba, chkara!
I'm looking for the police station.	**მე ვეძებ პოლიციის განყოფილებას.** me vedzeb p'olitsiis ganqopilebas.
I need to make a call.	**მე უნდა დავრეკო.** me unda davrek'o.
May I use your phone?	**შეიძლება დავრეკო?** sheidzleba davrek'o?
I've been ...	**მე ...** me ...
mugged	**გამძარცვეს** gamdzartsves
robbed	**გამქურდეს** gamkurdes
raped	**გამაუპატიურეს** gamaup'at'iures
attacked (beaten up)	**მცემეს** mtsemes
Are you all right?	**თქვენ ყველაფერი რიგზე გაქვთ?** tkven qvelaperi rigze gakvt?
Did you see who it was?	**თქვენ დაინახეთ, ვინ იყო?** tkven dainakhet, vin iqo?
Would you be able to recognize the person?	**თქვენ შეგიძლიათ ის იცნოთ?** tkven shegidzliat is itsnot?
Are you sure?	**თქვენ დარწმუნებული ხართ?** tkven darts'munebuli khart?
Please calm down.	**დაწყნარდით, თუ შეიძლება.** dats'qnardit, tu sheidzleba.
Take it easy!	**უფრო წყნარად!** upro ts'qnarad!
Don't worry!	**ნუ ღელავთ.** nu ghelavt.
Everything will be fine.	**ყველაფერი კარგად იქნება.** qvelaperi k'argad ikneba.
Everything's all right.	**ყველაფერი რიგზეა.** qvelaperi rigzea.

Come here, please.	**აქ მობრძანდით, თუ შეიძლება.** ak mobrdzandit, tu sheidzleba.
I have some questions for you.	**მე რამდენიმე კითხვა მაქვს თქვენთან.** me ramdenime k'itkhva makvs tkventan.
Wait a moment, please.	**დაელოდეთ, თუ შეიძლება.** daelodet, tu sheidzleba.
Do you have any I.D.?	**თქვენ გაქვთ საბუთები?** tkven gakvt sabutebi?
Thanks. You can leave now.	**გმადლობთ. შეგიძლიათ წაბრძანდეთ.** gmadlobt. shegidzliat ts'abrdzandet.
Hands behind your head!	**ხელები თავს უკან!** khelebi tavs uk'an!
You're under arrest!	**თქვენ დაპატიმრებული ხართ!** tkven dap'at'imrebuli khart!

Health problems

Please help me.	მიშველეთ, თუ შეიძლება.
	mishvelet, tu sheidzleba.
I don't feel well.	მე ცუდად ვარ.
	me tsudad var.
My husband doesn't feel well.	ჩემი ქმარი ცუდად არის.
	chemi kmari tsudad aris.
My son …	ჩემი ვაჟი …
	chemi vazhi …
My father …	ჩემი მამა …
	chemi mama …
My wife doesn't feel well.	ჩემი ცოლი ცუდად არის.
	chemi tsoli tsudad aris.
My daughter …	ჩემი ქალიშვილი …
	chemi kalishvili …
My mother …	ჩემი დედა …
	chemi deda …
I've got a …	მე … მტკივა
	me … mt'k'iva
headache	თავი
	tavi
sore throat	ყელი
	qeli
stomach ache	მუცელი
	mutseli
toothache	კბილი
	k'bili
I feel dizzy.	მე თავბრუ მეხვევა.
	me tavbru mekhveva.
He has a fever.	მას სიცხე აქვს.
	mas sitskhe akvs.
She has a fever.	მას სიცხე აქვს.
	mas sitskhe akvs.
I can't breathe.	სუნთქვა არ შემიძლია.
	suntkva ar shemidzlia.
I'm short of breath.	სული მეხუთება.
	suli mekhuteba.
I am asthmatic.	მე ასთმა მაქვს.
	me astma makvs.
I am diabetic.	მე დიაბეტი მაქვს.
	me diabet'i makvs.

I can't sleep.	მე უძილობა მჭირს. me udziloba mch'irs.
food poisoning	კვებითი მოწამვლა მაქვს k'vebiti mots'amvla makvs
It hurts here.	აი აქ მტკივა. ai ak mt'k'iva.
Help me!	მიშველეთ! mishvelet!
I am here!	მე აქ ვარ! me ak var!
We are here!	ჩვენ აქ ვართ! chven ak vart!
Get me out of here!	ამომიყვანეთ აქედან! amomiqvanet akedan!
I need a doctor.	მე ექიმი მჭირდება. me ekimi mch'irdeba.
I can't move.	მოძრაობა არ შემიძლია. modzraoba ar shemidzlia.
I can't move my legs.	ფეხებს ვერ ვგრძნობ. pekhebs ver vgrdznob.
I have a wound.	მე დაჭრილი ვარ. me dach'rili var.
Is it serious?	ეს სერიოზულია? es seriozulia?
My documents are in my pocket.	ჩემი საბუთები ჯიბეშია. chemi sabutebi jibeshia.
Calm down!	დაწყნარდით! dats'qnardit!
May I use your phone?	შეიძლება დავრეკო? sheidzleba davrek'o?
Call an ambulance!	გამოიძახეთ სასწრაფო! gamoidzakhet sasts'rapo!
It's urgent!	ეს სასწრაფოა! es sasts'rapoa!
It's an emergency!	ეს ძალიან სასწრაფოა! es dzalian sasts'rapoa!
Please hurry up!	თუ შეიძლება, ჩქარა! tu sheidzleba, chkara!
Would you please call a doctor?	ექიმი გამოიძახეთ, თუ შეიძლება. ekimi gamoidzakhet, tu sheidzleba.
Where is the hospital?	მითხარით, სად არის საავადმყოფო? mitkharit, sad aris saavadmqopo?
How are you feeling?	როგორ გრძნობთ თავს? rogor grdznobt tavs?
Are you all right?	თქვენ ყველაფერი წესრიგში გაქვთ? tkven qvelaperi ts'esrigshi gakvt?
What's happened?	რა მოხდა? ra mokhda?

I feel better now.	**მე უკვე უკეთ ვარ.** me uk've uk'et var.
It's OK.	**ყველაფერი რიგზეა.** qvelaperi rigzea.
It's all right.	**ყველაფერი კარგად არის.** qvelaperi k'argad aris.

At the pharmacy

pharmacy (drugstore)	აფთიაქი aptiaki
24-hour pharmacy	სადღეღამისო აფთიაქი sadgheghamiso aptiaki
Where is the closest pharmacy?	სად არის უახლოესი აფთიაქი? sad aris uakhloesi aptiaki?
Is it open now?	ის ახლა ღიაა? is akhla ghiaa?
At what time does it open?	რომელ საათზე იხსნება? romel saatze ikhsneba?
At what time does it close?	რომელ საათამდე მუშაობს? romel saatamde mushaobs?
Is it far?	ეს შორს არის? es shors aris?
Can I get there on foot?	მე მივალ იქამდე ფეხით? me mival ikamde pekhit?
Can you show me on the map?	მაჩვენეთ რუკაზე, თუ შეიძლება. machvenet ruk'aze, tu sheidzleba.
Please give me something for ...	მომეცით რამე, ...-ის mometsit rame, ...-is
a headache	თავის ტკივილის tavis t'k'ivilis
a cough	ხველების khvelebis
a cold	გაცივების gatsivebis
the flu	გრიპის grip'is
a fever	სიცხის sitskhis
a stomach ache	კუჭის ტკივილის k'uch'is t'k'ivilis
nausea	გულისრევის gulisrevis
diarrhea	დიარეის diareis
constipation	კუჭში შეკრულობის k'uch'shi shek'rulobis
pain in the back	ზურგის ტკივილი zurgis t'k'ivili

chest pain	მკერდის ტკივილი mk'erdis t'k'ivili
side stitch	ტკივილი გვერდში t'k'ivili gverdshi
abdominal pain	ტკივილი მუცელში t'k'ivili mutselshi

pill	ტაბლეტი t'ablet'i
ointment, cream	მალამო, კრემი malamo, k'remi
syrup	სიროფი siropi
spray	სპრეი sp'rei
drops	წვეთები ts'vetebi

You need to go to the hospital.	თქვენ საავადმყოფოში უნდა იყოთ. tkven saavadmqoposhi unda iqot.
health insurance	დაზღვევა dazghveva
prescription	რეცეპტი retsep't'i
insect repellant	მწერების საწინააღმდეგო საშუალება mts'erebis sats'inaaghmdego sashualeba
Band Aid	ლეიკოპლასტირი leik'op'last'iri

The bare minimum

Excuse me, ...	უკაცრავად, ... uk'atsravad, ...
Hello.	გამარჯობა. gamarjoba.
Thank you.	გმადლობთ. gmadlobt.
Good bye.	ნახვამდის. nakhvamdis.
Yes.	დიახ. diakh.
No.	არა. ara.
I don't know.	არ ვიცი. ar vitsi.
Where? | Where to? | When?	სად?| საით?| როდის? sad?| sait?| rodis?
I need ...	მე მჭირდება... me mch'irdeba...
I want ...	მე მინდა ... me minda ...
Do you have ...?	თქვენ გაქვთ ...? tkven gakvt ...?
Is there a ... here?	აქ არის ... ? ak aris ... ?
May I ...?	შემიძლია... ? shemidzlia... ?
..., please (polite request)	თუ შეიძლება tu sheidzleba
I'm looking for ...	მე ვეძებ ... me vedzeb ...
restroom	ტუალეტს t'ualet's
ATM	ბანკომატს bank'omat's
pharmacy (drugstore)	აფთიაქს aptiaks
hospital	საავადმყოფოს saavadmqopos
police station	პოლიციის განყოფილებას p'olitsiis ganqopilebas
subway	მეტროს met'ros

taxi	ტაქსს t'akss
train station	რკინიგზის სადგურს rk'inigzis sadgurs

My name is …	მე მქვია … me mkvia …
What's your name?	რა გქვიათ? ra gkviat?
Could you please help me?	დამეხმარეთ, თუ შეიძლება. damekhmaret, tu sheidzleba.
I've got a problem.	პრობლემა მაქვს. p'roblema makvs.
I don't feel well.	ცუდად ვარ. tsudad var.
Call an ambulance!	გამოიძახეთ სასწრაფო! gamoidzakhet sasts'rapo!
May I make a call?	შემიძლია დავრეკო? shemidzlia davrek'o?

I'm sorry.	ბოდიშს გიხდით bodishs gikhdit
You're welcome.	არაფერს arapers

I, me	მე me
you (inform.)	შენ shen
he	ის is
she	ის is
they (masc.)	ისინი isini
they (fem.)	ისინი isini
we	ჩვენ chven
you (pl)	თქვენ tkven
you (sg, form.)	თქვენ tkven

ENTRANCE	შესასვლელი shesasvleli
EXIT	გასასვლელი gasasvleli
OUT OF ORDER	არ მუშაობს ar mushaobs
CLOSED	დაკეტილია dak'et'ilia

OPEN

ღიაა
ghiaa

FOR WOMEN

ქალებისთვის
kalebistvis

FOR MEN

მამაკაცებისთვის
mamak'atsebistvis

MINI DICTIONARY

This section contains 250 useful words required for everyday communication. You will find the names of months and days of the week here. The dictionary also contains topics such as colors, measurements, family, and more

T&P Books Publishing

DICTIONARY CONTENTS

1. Time. Calendar 73
2. Numbers. Numerals 74
3. Humans. Family 75
4. Human body 76
5. Clothing. Personal accessories 77
6. House. Apartment 78

T&P Books Publishing

1. Time. Calendar

time	დრო	dro
hour	საათი	saati
half an hour	ნახევარი საათი	nakhevari saati
minute	წუთი	ts'uti
second	წამი	ts'ami
today (adv)	დღეს	dghes
tomorrow (adv)	ხვალ	khval
yesterday (adv)	გუშინ	gushin
Monday	ორშაბათი	orshabati
Tuesday	სამშაბათი	samshabati
Wednesday	ოთხშაბათი	otkhshabati
Thursday	ხუთშაბათი	khutshabati
Friday	პარასკევი	p'arask'evi
Saturday	შაბათი	shabati
Sunday	კვირა	k'vira
day	დღე	dghe
working day	სამუშაო დღე	samushao dghe
public holiday	სადღესასწაულო დღე	sadghesasts'aulo dghe
weekend	დასვენების დღეები	dasvenebis dgheebi
week	კვირა	k'vira
last week (adv)	გასულ კვირას	gasul k'viras
next week (adv)	მომდევნო კვირას	momdevno k'viras
in the morning	დილით	dilit
in the afternoon	სადილის შემდეგ	sadilis shemdeg
in the evening	საღამოს	saghamos
tonight (this evening)	დღეს საღამოს	dghes saghamos
at night	ღამით	ghamit
midnight	შუაღამე	shuaghame
January	იანვარი	ianvari
February	თებერვალი	tebervali
March	მარტი	mart'i
April	აპრილი	ap'rili
May	მაისი	maisi
June	ივნისი	ivnisi
July	ივლისი	ivlisi
August	აგვისტო	agvist'o

September	სექტემბერი	sekt'emberi
October	ოქტომბერი	okt'omberi
November	ნოემბერი	noemberi
December	დეკემბერი	dek'emberi

in spring	გაზაფხულზე	gazapkhulze
in summer	ზაფხულში	zapkhulshi
in fall	შემოდგომაზე	shemodgomaze
in winter	ზამთარში	zamtarshi

month	თვე	tve
season (summer, etc.)	სეზონი	sezoni
year	წელი	ts'eli

2. Numbers. Numerals

0 zero	ნული	nuli
1 one	ერთი	erti
2 two	ორი	ori
3 three	სამი	sami
4 four	ოთხი	otkhi

5 five	ხუთი	khuti
6 six	ექვსი	ekvsi
7 seven	შვიდი	shvidi
8 eight	რვა	rva
9 nine	ცხრა	tskhra
10 ten	ათი	ati

11 eleven	თერთმეტი	tertmet'i
12 twelve	თორმეტი	tormet'i
13 thirteen	ცამეტი	tsamet'i
14 fourteen	თოთხმეტი	totkhmet'i
15 fifteen	თხუთმეტი	tkhutmet'i

16 sixteen	თექვსმეტი	tekvsmet'i
17 seventeen	ჩვიდმეტი	chvidmet'i
18 eighteen	თვრამეტი	tvramet'i
19 nineteen	ცხრამეტი	tskhramet'i

20 twenty	ოცი	otsi
30 thirty	ოცდაათი	otsdaati
40 forty	ორმოცი	ormotsi
50 fifty	ორმოცდაათი	ormotsdaati

60 sixty	სამოცი	samotsi
70 seventy	სამოცდაათი	samotsdaati
80 eighty	ოთხმოცი	otkhmotsi
90 ninety	ოთხმოცდაათი	otkhmotsdaati
100 one hundred	ასი	asi

200 two hundred	ორასი	orasi
300 three hundred	სამასი	samasi
400 four hundred	ოთხასი	otkhasi
500 five hundred	ხუთასი	khutasi
600 six hundred	ექვსასი	ekvsasi
700 seven hundred	შვიდასი	shvidasi
800 eight hundred	რვაასი	rvaasi
900 nine hundred	ცხრაასი	tskhraasi
1000 one thousand	ათასი	atasi
10000 ten thousand	ათი ათასი	ati atasi
one hundred thousand	ასი ათასი	asi atasi
million	მილიონი	milioni
billion	მილიარდი	miliardi

3. Humans. Family

man (adult male)	კაცი	k'atsi
young man	ყმაწვილი	qmats'vili
woman	ქალი	kali
girl (young woman)	ქალიშვილი	kalishvili
old man	მოხუცი	mokhutsi
old woman	დედაბერი	dedaberi
mother	დედა	deda
father	მამა	mama
son	ვაჟიშვილი	vazhishvili
daughter	ქალიშვილი	kalishvili
brother	ძმა	dzma
sister	და	da
parents	მშობლები	mshoblebi
child	შვილი	shvili
children	შვილები	shvilebi
stepmother	დედინაცვალი	dedinatsvali
stepfather	მამინაცვალი	maminatsvali
grandmother	ბებია	bebia
grandfather	პაპა	p'ap'a
grandson	შვილიშვილი	shvilishvili
granddaughter	შვილიშვილი	shvilishvili
grandchildren	შვილიშვილები	shvilishvilebi
uncle	ბიძა	bidza
wife	ცოლი	tsoli
husband	ქმარი	kmari
married (masc.)	ცოლიანი	tsoliani
married (fem.)	გათხოვილი	gatkhovili

| widow | ქვრივი | kvrivi |
| widower | ქვრივი | kvrivi |

| name (first name) | სახელი | sakheli |
| surname (last name) | გვარი | gvari |

relative	ნათესავი	natesavi
friend (masc.)	მეგობარი	megobari
friendship	მეგობრობა	megobroba

partner	პარტნიორი	p'art'niori
superior (n)	უფროსი	uprosi
colleague	კოლეგა	k'olega
neighbors	მეზობლები	mezoblebi

4. Human body

body	ტანი	t'ani
heart	გული	guli
blood	სისხლი	siskhli
brain	ტვინი	t'vini

bone	ძვალი	dzvali
spine (backbone)	ხერხემალი	kherkhemali
rib	ნეკნი	nek'ni
lungs	ფილტვები	pilt'vebi
skin	კანი	k'ani

head	თავი	tavi
face	სახე	sakhe
nose	ცხვირი	tskhviri
forehead	შუბლი	shubli
cheek	ლოყა	loqa

mouth	პირი	p'iri
tongue	ენა	ena
tooth	კბილი	k'bili
lips	ტუჩები	t'uchebi
chin	ნიკაპი	nik'ap'i

ear	ყური	quri
neck	კისერი	k'iseri
eye	თვალი	tvali
pupil	გუგა	guga
eyebrow	წარბი	ts'arbi
eyelash	წამწამი	ts'amts'ami

hair	თმები	tmebi
hairstyle	ვარცხნილობა	vartskhniloba
mustache	ულვაშები	ulvashebi

beard	წვერი	ts'veri
to have (a beard, etc.)	ტარება	t'areba
bald (adj)	მელოტი	melot'i

hand	მტევანი	mt'evani
arm	მკლავი	mk'lavi
finger	თითი	titi
nail	ფრჩხილი	prchkhili
palm	ხელისგული	khelisguli

shoulder	მხარი	mkhari
leg	ფეხი	pekhi
knee	მუხლი	mukhli
heel	ქუსლი	kusli
back	ზურგი	zurgi

5. Clothing. Personal accessories

clothes	ტანსაცმელი	t'ansatsmeli
coat (overcoat)	პალტო	p'alt'o
fur coat	ქურქი	kurki
jacket (e.g., leather ~)	ქურთუკი	kurtuk'i
raincoat (trenchcoat, etc.)	ლაბადა	labada

shirt (button shirt)	პერანგი	p'erangi
pants	შარვალი	sharvali
suit jacket	პიჯაკი	p'ijak'i
suit	კოსტიუმი	k'ost'iumi

dress (frock)	კაბა	k'aba
skirt	ბოლოკაბა	bolok'aba
T-shirt	მაისური	maisuri
bathrobe	ხალათი	khalati
pajamas	პიჟამო	p'izhamo
workwear	სამუშაო ტანსაცმელი	samushao t'ansatsmeli

underwear	საცვალი	satsvali
socks	წინდები	ts'indebi
bra	ბიუსტჰალტერი	biust'halt'eri
pantyhose	კოლგოტი	k'olgot'i
stockings (thigh highs)	ყელიანი წინდები	qeliani ts'indebi
bathing suit	საბანაო კოსტიუმი	sabanao k'ost'iumi

hat	ქუდი	kudi
footwear	ფეხსაცმელი	pekhsatsmeli
boots (e.g., cowboy ~)	ჩექმები	chekmebi
heel	ქუსლი	kusli
shoestring	ზონარი	zonari
shoe polish	ფეხსაცმლის კრემი	pekhsatsmlis k'remi
gloves	ხელთათმანები	kheltatmanebi

mittens	ხელთათმანი	kheltatmani
scarf (muffler)	კაშნი	k'ashni
glasses (eyeglasses)	სათვალე	satvale
umbrella	ქოლგა	kolga
tie (necktie)	ჰალსტუხი	halst'ukhi
handkerchief	ცხვირსახოცი	tskhvirsakhotsi
comb	სავარცხელი	savartskheli
hairbrush	თმის ჯაგრისი	tmis jagrisi
buckle	ბალთა	balta
belt	ქამარი	kamari
purse	ჩანთა	chanta

6. House. Apartment

apartment	ბინა	bina
room	ოთახი	otakhi
bedroom	საწოლი ოთახი	sats'oli otakhi
dining room	სასადილო ოთახი	sasadilo otakhi
living room	სასტუმრო ოთახი	sast'umro otakhi
study (home office)	კაბინეტი	k'abinet'i
entry room	წინა ოთახი	ts'ina otakhi
bathroom (room with a bath or shower)	სააბაზანო ოთახი	saabazano otakhi
half bath	საპირფარეშო	sap'irparesho
vacuum cleaner	მტვერსასრუტი	mt'versasrut'i
mop	შვაბრა	shvabra
dust cloth	ჩვარი	chvari
short broom	ცოცხი	tsotskhi
dustpan	აქანდაზი	akandazi
furniture	ავეჯი	aveji
table	მაგიდა	magida
chair	სკამი	sk'ami
armchair	სავარძელი	savardzeli
mirror	სარკე	sark'e
carpet	ხალიჩა	khalicha
fireplace	ბუხარი	bukhari
drapes	ფარდები	pardebi
table lamp	მაგიდის ლამპა	magidis lamp'a
chandelier	ჭაღი	ch'aghi
kitchen	სამზარეულო	samzareulo
gas stove (range)	გაზქურა	gazkura
electric stove	ელექტროქურა	elekt'rokura
microwave oven	მიკროტალღოვანი ღუმელი	mik'rot'alghovani ghumeli

refrigerator	მაცივარი	matsivari
freezer	საყინულე	saqinule
dishwasher	ჭურჭლის სარეცხი მანქანა	ch'urch'lis saretskhi mankana
faucet	ონკანი	onk'ani
meat grinder	ხორცსაკეპი	khortssak'ep'i
juicer	წვენსაწური	ts'vensats'uri
toaster	ტოსტერი	t'ost'eri
mixer	მიქსერი	mikseri
coffee machine	ყავის სახარში	qavis sakharshi
kettle	ჩაიდანი	chaidani
teapot	ჩაიდანი	chaidani
TV set	ტელევიზორი	t'elevizori
VCR (video recorder)	ვიდეომაგნიტოფონი	videomagnit'oponi
iron (e.g., steam ~)	უთო	uto
telephone	ტელეფონი	t'eleponi

www.ingramcontent.com/pod-product-compliance
Lightning Source LLC
Chambersburg PA
CBHW070843050426
42452CB00011B/2385
* 9 7 8 1 7 8 6 1 6 7 4 0 8 *